CLAUDIA FACCIO

CAMBIA LE TUE CREDENZE

Come Cambiare i Vecchi Schemi Depotenzianti per Migliorare il Tuo Modo di Vivere e di Pensare

Titolo

"CAMBIA LE TUE CREDENZE"

Autore

Claudia Faccio

Editore

Bruno Editore

Sito internet

http://www.brunoeditore.it

Sommario

Introduzione

Se stai leggendo questo corso significa che senti che qualcosa nel tuo modo di pensare e di vivere può essere migliorato. Il cambiamento può avvenire ogni giorno e non dipende da fenomeni casuali, incontrollati e incontrollabili, dipende dalla volontà di decidere di dire basta a vecchi schemi consapevolmente e con gli strumenti adatti. Nel corso del mio lavoro di coach vedo quotidianamente le persone cambiare in meglio, compiere il miracolo del benessere emozionale attraverso la responsabilità di ogni scelta e la gestione consapevole degli stati d'animo e noto ogni giorno che tutto è guidato da una corretta presa di coscienza delle proprie credenze. Viviamo sulla base di ciò che crediamo del mondo, di noi stessi, delle nostre capacità e delle nostre limitazioni.

Quando ti trovi in una fase di difficoltà, quanto di quella difficoltà dipende da fattori esterni e quanto invece dipende dal tuo atteggiamento? Che meccanismi interni, quali strategie stai mettendo in atto con le tue credenze? Da dove provengono quegli atteggiamenti che portano dolore e disagio? Fare chiarezza su tutte le domande precedenti è alla base di un risultato di successo!

Tutto ciò che ci accade è direttamente collegato a ciò che crediamo riguardo a noi stessi e al mondo. Ti faccio alcuni esempi di credenze limitanti: la vita è difficile, non sono abbastanza bravo per gestire questa situazione, non sarò mai felice, non ce la posso fare, sono troppo timido, è difficile cambiare, non sono una persona fortunata. Ora alcuni esempi di credenze potenzianti: la vita è un dono, posso gestire questa situazione, posso essere felice, io ce la faccio, sono sicuro di me, è possibile cambiare, mi sento fortunato. Senti come solo leggendo queste poche righe il tuo stato d'animo cambia?

Allora, se viviamo la nostra vita sulla base di ciò che crediamo di poter fare o non fare, cosa accade se quelle credenze ci limitano e ci fanno soffrire? È semplice, si tratta di un preciso cambiamento nel modo di utilizzare le credenze. I risultati sono possibili ma solo se ci mettiamo impegno e determinazione e solo con le giuste strategie e il momento è adesso.

CAPITOLO 1:

Come nascono le credenze

Per preparami al meglio al mio lavoro di coach, ho letto e leggo moltissimo perché sono convinta che la lettura sia un ottimo strumento di apprendimento e conoscenza e ciò mi permette di crescere e di lavorare con le persone sempre al meglio. Questa è una delle mie credenze riguardo al mio lavoro di coach di PNL e questa credenza mi motiva a essere curiosa, "affamata" di informazioni per approfondire e studiare. Leggo e mi aggiorno trovando sempre il tempo e i metodi per farlo velocemente e con soddisfazione. Questa credenza mi fa stare bene, mi dà risultati utili e un atteggiamento positivo, quindi rappresenta una credenza potenziante per me.

Cosa accadrebbe invece se la mia credenza fosse: "leggere mi costa fatica e mi toglie tempo"? In questo modo e con questa credenza farei davvero una gran fatica a trovare il tempo per dedicarmi alla lettura e, pur leggendo e aggiornandomi molto, sentirei un senso di fatica nel farlo. Ecco, questa sarebbe una credenza depotenziante: "non ho mai tempo". La credenza è un pensiero che torna e ritorna continuamente, ecco perché è molto importante prenderne coscienza e nel caso cambiarla se non ti sostiene e non ti motiva. Una ragazza è venuta da me e all'inizio del nostro lavoro mi ha detto: «Ingrasso facilmente, sembra che io ingrassi anche solo con l'aria che respiro!»

Con questo mantra ripetuto consciamente o inconsciamente tutti i giorni e per tutto il giorno, come pensi che sia l'atteggiamento di quella ragazza riguardo al perdere peso? Esattamente quello che lei stessa pensa: ingrassa facilmente! Ma perché? Perché la sua credenza le "dice" che tutte le diete sono inutili per lei, perché lei è così, ingrassa facilmente, la sua credenza le "dice" che non potrà mai perdere peso e che se riuscirà a perdere peso ingrasserà subito e quindi sarà stata fatica sprecata, allora tanto vale mangiare tutto quello che le capita, che sia sano o no, il cibo diventa la sua consolazione per una situazione, l'essere grassa, che pensa di non poter mai cambiare e non pensa più di variare regime alimentare o di andare in palestra, per lei è così e basta, e si arrende.

Questo atteggiamento condiziona anche tutto il suo vivere quotidiano: non si sentirà sicura, guarderà le ragazze magre con dolore, invidia, rabbia, avrà anche problemi di autostima e di relazione per il modo che avrà di rapportarsi con le altre persone dal momento che non si sente sicura di se stessa ma non avrà la forza e il coraggio di cambiare atteggiamento: la sua credenza glielo impedisce.

Altro è l'atteggiamento di chi, sentendosi sovrappeso, pensa: «Ok, ultimamente sono ingrassato/a ma so che posso dimagrire facendo attività fisica e mangiando in modo equilibrato, il mio desiderio è tornare in forma e ci riuscirò in breve tempo e senza fatica» e allora la seconda persona agisce concretamente e fa delle azioni precise che la portano inevitabilmente a perdere peso e durante la giornata il suo mantra è positivo: «Posso dimagrire e dimagrisco». Questa persona passa dal pensiero "voglio dimagrire" all'azione (dieta e palestra) e infine è più magra, e così ha l'identità della persona magra e tutto questo è possibile grazie alla sua credenza potenziante.

La vita è difficile, la vita è una meravigliosa avventura, è difficile cambiare, il cambiamento è possibile in ogni momento, sono troppo timido, sono sicuro di me. Tutte queste credenze sono le due facce della stessa medaglia, dipende da cosa sei stato abituato a credere, da quali credenze ti sono state trasmesse e insegnate e dai percorsi fissi che il cervello è abituato a seguire da anni.

SEGRETO n. 1: esistono credenze depotenzianti e credenze potenzianti. Le credenze depotenzianti ci limitano e creano malessere e bassa autostima, mentre le credenze potenzianti ci permettono di vivere felici e rafforzano la fiducia nelle nostre capacità.

Cosa sono le credenze

Partendo da un punto di vista generale le credenze o convinzioni si possono definire *indicatori di capacità*. Rispondono infatti alla seguente domanda: «Quanto sono capace di fare una determinata cosa?» È il senso di efficacia percepito da ogni singolo individuo: "so farlo" oppure "non so farlo", sapere o meno orientare le proprie capacità in maniera efficiente per uno specifico scopo. Quando sei veramente convinto di essere in grado di compiere una qualsiasi azione, quando credi fortemente nella bontà di quell'azione niente è impossibile.

Un signore un giorno è venuto da me per risolvere un problema relativo al suo blocco nel sostenere colloqui di lavoro per un'assunzione. Era veramente frustrato pensando di non essere in grado di saper gestire un colloquio e la sua credenza depotenziante relativa a quella situazione lo faceva soffrire. Aveva perso il suo precedente lavoro ed era sicuro di non poter più trovare un altro impiego. Il suo più grande dolore era pensare di non poter provvedere ai bisogni di sua moglie e dei suoi due bambini.

Davanti agli occhi aveva solo scenari di fallimento, mancanza di denaro e disperazione. Si ripeteva continuamente: «Alla mia età chi vuoi che mi assuma, se esco dal mondo del lavoro non avrò un futuro e la mia famiglia vivrà in povertà». Queste credenze lo stavano pian piano riducendo all'impossibilità di reagire e quindi di agire. Aveva innescato un processo mentale distruttivo per sé e per le persone a lui care.

Dopo molte ricerche era finalmente riuscito a ottenere un appuntamento per un colloquio presso un paio di aziende. Passata la soddisfazione iniziale per aver ottenuto almeno una risposta, era subentrata la paura di non essere più in grado di sostenere un colloquio convincente. «Sono passati troppi anni dall'ultima volta che sono stato assunto e poi non sono più un ragazzino. Preferiranno gente più giovane. Non ce la farò!»

Queste le sue credenze all'inizio. Pensi che siano state d'aiuto? Pensi che lo abbiano messo nello stato d'animo migliore per affrontare quella sfida? Abbiamo iniziato il lavoro insieme e per prima cosa gli ho chiesto se si sentiva sempre bloccato ogni volta che doveva parlare e convincere le persone e lui mi disse che nella sua vita aveva fatto il rappresentante, convinceva le persone all'acquisto e otteneva grandi risultati. "Sentirsi in grado di vendere il suo prodotto" era la credenza che doveva riattivare nella sua mente. La chiave era sovrapporre la sua precedente credenza limitante "non sono in grado" con la credenza potenziante che era già dentro di lui, "posso farlo", sbriciolare nella sua mente la vecchia credenza e sostituirla con la nuova!

Il messaggio che la sua mente riceveva grazie alla nuova credenza era quello di saper utilizzare le sue abilità in un'altra situazione, il colloquio, proponendo se stesso alla nuova azienda. La nuova credenza gli diceva: «Se sei convinto e credi fortemente di saper vendere bene puoi e sai offrire il tuo prodotto migliore, cioè te stesso, con la stessa efficacia durante il colloquio».

SEGRETO n. 2: le credenze sono indicatori di capacità. Credere, essere convinto di poter fare una cosa ti dà tutto il potere per farla.

La forza delle credenze

Ti ricordi quando hai imparato ad andare in bicicletta? Che differenza sostanziale c'era dal momento in cui non lo sapevi fare al momento in cui ci hai provato riuscendoci? Nessuna! Quello che sapevi ti era stato spiegato dai genitori o dagli amichetti e lo sapevi sia quando non eri capace sia quando ci sei riuscito! È proprio questa la magia delle credenze: credere fermamente di poter fare quella certa cosa, e in quel momento esatto ne hai le capacità e le abilità poiché hai l'atteggiamento giusto. Data la prima pedalata hai incominciato il processo di miglioramento delle abilità ma lo sapevi già fare, hai solo avuto bisogno di crederci per iniziare, hai avuto bisogno di esserne convinto, hai visto altri che lo facevano e li hai "copiati" credendoci.

Ecco la differenza. Non saper andare in bicicletta per te era una credenza limitante perché tutti i tuoi amici lo facevano già oppure i tuoi genitori si aspettavano che lo facessi, e tu lì fermo a guardare impaurito. Poi, magicamente, ci hai creduto, hai creduto con ogni fibra del tuo essere di poter fare come i tuoi amici e hai già sentito dentro e fuori di te gli incoraggiamenti e via, sei partito. Quella è una credenza potenziante, ha cambiato il tuo atteggiamento. Un esempio molto famoso di come agiscano le credenze e del loro smisurato potere sulle azioni che compiamo è quello di una donna americana che salvò suo figlio da morte certa.

Una sera al ritorno da una festa, un ragazzo guidando verso casa venne travolto da un camion che sopraggiungeva in senso contrario e sbandando colpì in pieno la macchina del ragazzo. L'urto fu terribile e la macchina venne buttata fuori strada e si ribaltò. L'incidente avvenne non lontano dalla casa dove il ragazzo abitava insieme ai suoi genitori. Sentendo il suono delle sirene, i genitori, già in ansia per il fatto che il figlio non era ancora rientrato, si recarono sul luogo dove stavano convergendo i soccorsi. Videro la macchina capovolta e la riconobbero subito, era quella di loro figlio. Possiamo solo lontanamente immaginare le sensazioni convulse di panico, sgomento, dolore che i due genitori potevano aver provato. Appena arrivati sul posto una guardia disse loro che c'era un ragazzo intrappolato sotto la vettura, fu un attimo e la donna corse verso la macchina del figlio e con una forza inimmaginabile, da sola, letteralmente, la capovolse.

Un vero miracolo! La donna salvò la vita al figlio che venne estratto dalle lamiere e portato immediatamente all'ospedale. Venne curato e nel giro di qualche mese tornò alla sua vita di sempre ma se sua madre non fosse intervenuta subito capovolgendo da sola la macchina il ragazzo sarebbe morto sotto le lamiere. La mamma di quel ragazzo in una frazione di secondo seppe cosa fare, ebbe la forza fisica per farlo, lei "sapeva" che poteva salvarlo, "sapeva" che era l'unica cosa da fare e in fretta: tutto il suo corpo reagì ai messaggi potenti che arrivavano dal suo cervello, dal suo sé più profondo e il miracolo si compì.

Lei credeva con ogni fibra del suo essere a ciò che stava per fare, la motivazione potente che la guidava, salvare la vita del figlio, l'ha condotta a compiere il miracolo. Ci ha creduto con il cuore! Questo è un fatto veramente accaduto al quale giustamente è stato dato molto rilievo ma quanti piccoli o grandi miracoli avvengono nelle vite delle persone ogni giorno e la parola magica è sempre la stessa: "posso farlo, voglio farlo, ci credo fino in fondo", questo è il potere delle credenze!

SEGRETO n. 3: le credenze determinano il nostro atteggiamento, cioè ciò che ognuno di noi è disposto o meno a fare in una determinata situazione.

La credenza è una certezza

Le credenze rispondono anche alla domanda: «Me lo merito? Mi merito di essere felice, amato, mi merito un buon lavoro e il denaro?» Sicuramente hai sentito anche tu la sensazione di "non meritare" qualcosa che invece vuoi con tutte le tue forze, ma c'è qualcosa che ti impedisce di arrivare all'obiettivo. Anche questo atteggiamento mentale deriva da credenze scritte nel tuo subconscio. "Mi accontento", ma tu senti veramente di meritare la pienezza? "Non sarò mai felice", ma tu senti di meritare la felicità? "Cambiare è difficile", ma tu senti di meritare il cambiamento? Un'altra frase che sento ripetere è: "non vincerò mai alla lotteria e poi comunque tanti soldi non saprei gestirli!" Cosa te lo fa pensare? Le tue credenze! Allora cosa succederebbe se sostituissi le precedenti affermazioni con frasi del tipo: "merito il meglio, voglio essere felice, la felicità è il mio stato mentale", oppure: "il cambiamento è una fase necessaria della mia vita per stare sempre meglio".

Noti la differenza? Sì, vero? La buona notizia è che quel disagio può essere guarito per sempre. Ogni momento è buono per il cambiamento, anche ora che stai leggendo queste righe, poiché la chiave sta nel riconoscere le proprie credenze, prenderne consapevolezza e compiere le scelte migliori per te. Gregg Braden nel suo libro *La guarigione spontanea delle credenze* afferma: «Viviamo la vita sulla base di ciò che crediamo del mondo, di noi stessi, delle nostre limitazioni», ma se le nostre vite si basano su ciò che crediamo, cosa accade se quelle convinzioni e credenze sono sbagliate?»

Mariella pensa di essere troppo timida per frequentare nuove persone, quando si trova in un gruppo sta sempre da parte e si sente esclusa, nessuno le mostra attenzione, nessuno parla con lei se non la sua migliore amica che la conosce bene e la spinge a essere più disinvolta, a fare lei il primo passo per parlare con la gente e proporsi in maniera più accattivante, ma più la sua amica glielo ripete più lei si sente prendere dall'ansia e pensa di essere davvero troppo timida per queste cose e più pensa così più si chiude in se stessa; è chiaro che le altre persone non si avvicineranno volentieri a lei. Mariella ha una credenza così forte, "sono troppo timida", che questa è diventata la sua identità, la fa soffrire ma è la sua identità e non riesce a cambiarla. Non è sufficiente pensare di voler fare o essere diversi, solo cambiando anche a piccoli passi una credenza limitante si può cambiare il pensiero e soprattutto le azioni conseguenti.

Cosa fa in concreto Mariella per cambiare? Niente. Nei momenti più difficili, quando è il momento di fare realmente qualcosa, la sua credenza la riporta a pensare che tutto sommato quella sua timidezza le è servita molte volte per evitare problemi, che da quando era a scuola le hanno sempre detto che era una bambina timida, gli adulti apprezzavano la sua timidezza scambiandola per riservatezza, non è mai stata veramente parte del gruppo dei suoi compagni ma solo e sempre una spettatrice. Questo suo atteggiamento era ben visto dagli adulti perché lei non si cacciava mai nei guai, non dava problemi, stava a casa tranquilla, usciva poco e solo con una o due amiche simili a lei. Ascoltava però con curiosità i racconti che facevano i suoi amici in classe, quello che avevano fatto, le loro esperienze e lei, sempre da spettatrice, viveva la vita degli altri. «Tanto» pensava «io sono troppo timida per buttarmi nella vita».

Quando le sue compagne le raccontavano delle loro prime "cotte" e di essere uscite con questo o quel ragazzo, Mariella le ammirava perché loro riuscivano a confrontarsi con il mondo, ma lei no, lei era timida. La sua sicurezza era pari a zero, stava chiusa nel suo bozzolo di timidezza rifugiandosi nello studio. Aveva ottimi risultati a scuola ma non si sentiva felice. Una volta cresciuta, questa sua credenza l'ha portata ad avere un atteggiamento sempre chiuso e difficoltà a vivere veramente la sua vita, ora è sicurissima di essere timida e questo perché il suo pensiero ha condizionato le sue azioni e quindi il suo comportamento. Siamo sempre sicuri delle nostre credenze limitanti e purtroppo facciamo fatica a credere il contrario, a credere che invece possiamo vivere pienamente la nostra vita prendendo coscienza di ciò che ci limita e decidendo di cambiare il nostro atteggiamento mentale.

SEGRETO n. 4: una credenza è la certezza che deriva dall'accettazione di ciò che *pensiamo sia vero* con la mente, unito a ciò che *pensiamo sia vero* con il cuore.

Dove, come e quando si formano le credenze

Nel subconscio sono racchiusi i "codici" di comportamento che abbiamo appreso già dall'infanzia e che riteniamo essere le nostre capacità. La moderne neuroscienze hanno stabilito che fino ai sette anni di età siamo nel nostro massimo periodo di apprendimento ed è proprio in questo periodo che riceviamo, processiamo e facciamo nostre le credenze che ci vengono trasmesse dalle figure di riferimento educative come genitori, insegnanti, contesto sociale. L'apprendimento continua negli anni successivi e altre credenze ci vengono "trasmesse" durante tutta la fase della crescita.

Un altro aspetto molto importante è quello che viene definito il *consenso sociale*, pensare che renderci uguali ai nostri pari sia una sicurezza: "lo fanno tutti, quindi va bene". Un piccolo esempio mi è capitato proprio l'altro giorno, ho notato che in un quartiere della città in cui vivo le persone buttavano tranquillamente in terra pezzi di carta, biglietti dell'autobus carte di caramelle e altro; anche se i cestini dei rifiuti non mancavano, saltava subito all'occhio la trascuratezza di quei marciapiedi, trovandomi poi in un altro quartiere ho notato i marciapiedi puliti, nessuno che buttasse a terra cartacce o altro e allora mi sono chiesta... cosa cambia tra i due quartieri?

Perché l'atteggiamento delle persone è così diverso? Una delle risposte che mi sono data, a parte il non trascurabile concetto di educazione, è stata che nel primo quartiere, quello meno pulito, tutti facevano così e quindi ognuno si sentiva più o meno autorizzato a gettare cartacce in terra, mentre nel secondo caso tutti utilizzavano i cestini dei rifiuti, quindi il consenso sociale in quel caso faceva sì che le gente si adattasse alla consuetudine, gettare una cartaccia a terra sarebbe stato sconveniente anche da un punto di vista delle consuetudini del luogo.

Il consenso sociale è un aspetto importante nella determinazione delle credenze, quando ci si identifica con il comportamento condiviso dalla maggior parte dei nostri pari ecco che nasce la credenza. Questo risulta evidente soprattutto quando si prendono in considerazione gli atteggiamenti degli adolescenti. I ragazzi considerano il gruppo di pari, la compagnia di amici, la loro "famiglia" e anche da questo surrogato della famiglia traggono le basi per l'installazione di comportamenti e credenze che li fanno sentire sicuri e integrati nella loro realtà. Le credenze condivise hanno una grande forza e costituiscono il tessuto sociale nelle nazioni. Il subconscio immagazzina credenze da:

- genitori e figure affettive di riferimento (nonni, zii ecc.);

- contesto sociale (scuola, lavoro);

- gruppo dei pari (consenso sociale).

A qualsiasi livello, quindi, sia personale che sociale. Con questo bagaglio di credenze affronti la vita e si tratta proprio delle credenze che nei momenti delle scelte piccole o grandi tracciano il tuo cammino determinando il tuo atteggiamento e il tuo carattere. Hai mai notato l'atteggiamento differente delle persone? Hai notato che il modo di "rispondere" alla realtà varia da persona a persona? Ti faccio un esempio. Al lavoro un tuo collega riceve una promozione: meritata o meno che sia, quella è la realtà oggettiva con la quale confrontarsi. Tu puoi avere un atteggiamento positivo e riconoscere le capacità e la professionalità del collega, ti spiace un po' non essere al suo posto ma sai di essere sulla strada giusta, sai di essere professionalmente preparato quanto lui e pensi che i tuoi meriti verranno riconosciuti. Altre persone nel tuo ufficio pensano che si tratti della solita ingiustizia e che il mondo sia dei raccomandati e, come al solito, solo quelli fanno carriera. Altri ancora pensano: «Cosa posso migliorare per meritare anch'io una promozione?» Altri ancora pensano: «Va bene così, io sto tanto bene a fare il mio lavoro senza pressioni e senza responsabilità, sono sereno così! Che si prendano altri i problemi».

Nota quanto gli atteggiamenti cambino da persona a persona e per attivare quelle risposte emotive, quei pensieri e quegli stati d'animo ognuno ha attinto più o meno consciamente alle sue credenze. Tu hai una buona stima di te e fai sempre meglio per affermarti e la tua credenza sarà "io posso", altri parlano male e sminuiscono la persona appena premiata per invidia e senza attivare nessuna strategia se non la calunnia e la loro credenza sarà "essere bravi non premia". C'è chi prende spunto dalla promozione del collega facendola diventare una leva emotiva per migliorarsi essendo convinti che c'è sempre da imparare, altri ancora affermano di stare bene defilandosi: "mi accontento". Sono tutti aspetti della stessa realtà "riletti" attraverso le credenze installate già dall'infanzia. È evidente che le credenze sono un "filtro" molto potente.

Passare da "devo" a "voglio", voglio veramente fare qualcosa, voglio veramente fare una scelta, voglio veramente stare bene, rappresenta un profondo cambiamento di mentalità poiché segna il passaggio dal puro senso del dovere alla volontà più profonda, una delle componenti che generano il cambiamento. Il modo in cui ti parli quotidianamente influenza il tuo modo di agire e di pensare. Ripeti nella tua mente frasi che hai sentito fin da bambino riguardo a come sei, come devi essere, cosa evitare e cosa accettare.

Le credenze sono modi di pensare "ereditati" o sviluppati nel corso degli anni a fronte di avvenimenti che ci sono accaduti. La vera abilità sta nel domandarsi se quelle informazioni sono ancora valide per te. "Il denaro è una cosa sporca": questa è una credenza ma bisogna adattarla alle circostanze della nostra realtà. Con il denaro puoi avere una casa, fare la spesa, andare in vacanza, con il denaro tante organizzazioni si occupano delle persone in seria difficoltà o dei malati, altri per mezzo del denaro possono utilizzare strutture per la ricerca scientifica. Ci sono invece persone che rubano e commettono azioni terribili per il denaro. Se il fatto di ritenere che "il denaro è una cosa sporca" ti impedisce di ambire a un aumento di stipendio o a un lavoro migliore allora forse è il momento di cambiare questa credenza.

SEGRETO n. 5: le credenze si formano nel nostro subconscio fin da bambini e derivano da comportamenti trasmessi dai nostri genitori, parenti, educatori e dal contesto sociale nel quale viviamo, determinando il nostro atteggiamento e il nostro carattere.

RIEPILOGO DEL CAPITOLO 1:

- SEGRETO n. 1: Esistono credenze depotenzianti e credenze potenzianti. Le credenze depotenzianti ci limitano e creano malessere e bassa autostima, mentre le credenze potenzianti ci permettono di vivere felici e rafforzano la fiducia nelle nostre capacità.

- SEGRETO n. 2: Le credenze sono indicatori di capacità. Credere, essere convinto di poter fare una cosa ti dà tutto il potere per farla.

- SEGRETO n. 3: Le credenze determinano il nostro atteggiamento, cioè ciò che ognuno di noi è disposto o meno a fare in una determinata situazione.

- SEGRETO n. 4: Una credenza è la certezza che deriva dall'accettazione di ciò che *pensiamo sia vero* con la mente, unito a ciò che *pensiamo sia vero* con il cuore.

- SEGRETO n. 5: Le credenze si formano nel nostro subconscio fin da bambini e derivano da comportamenti trasmessi dai nostri genitori, parenti, educatori e dal contesto sociale nel quale viviamo, determinando il nostro atteggiamento e il nostro carattere.

CAPITOLO 2:

Come lavorano le credenze

La percezione della realtà: la mappa non è il territorio

È importante determinare e capire bene il concetto di realtà perché è proprio questa a determinare il mondo circostante del quale siamo gli attori principali. Ogni giorno e in ogni momento, là, fuori di te, scorre la realtà, i fatti, gli avvenimenti, i discorsi delle persone, le tue esperienze, le notizie, tutto ciò che riguarda il mondo e questa è la *realtà esterna*. Un tramonto, la pioggia, il traffico cittadino, il vicino di casa impiccione, le scarpe di quella vetrina, la situazione politica, le guerre, la crisi e via di seguito, questa è la realtà esterna, la realtà che osservi.

Di questa realtà esterna sei, almeno in un primo momento, uno spettatore ma, nell'attimo in cui poni la tua attenzione su di essa si attiva un processo di valutazione personale che trasforma la realtà esterna in *rappresentazione interna*. La realtà esterna viene percepita e "filtrata" da ognuno in modo diverso, determinando le varie reazioni e il modo di rispondere agli stimoli esterni, determina "come" e "perché" ti comporti in un determinato modo, le tue scelte, il tuo benessere o il tuo malessere. Possiamo quindi dire che esistono due tipi di realtà: la realtà esterna e la rappresentazione mentale che ne deriva.

Per fare un esempio concreto di come ognuno si rappresenti la realtà esterna in modo diverso mi viene in mente questa storia: un ragazzo e un vecchio, in seguito a una grande carestia che aveva colpito il loro villaggio, decisero di andare in un altro villaggio. Raccolsero quindi le loro cose e le caricarono su un mulo. Strada facendo attraversarono il primo villaggio e mentre camminavano sentirono le persone dire: «Ma guarda quel vecchio e quel ragazzo come hanno caricato il mulo! Povera bestia, loro non portano nulla e la bestia è talmente carica che non riesce quasi a camminare, quando il ragazzo che è più robusto potrebbe prendere lui il carico». Allora il ragazzo prese su di sé il carico e continuarono il cammino. Nel secondo villaggio però sentirono che la gente diceva: «Ma guarda, quel povero ragazzo è costretto a viaggiare con tutto il carico sulle spalle mentre il vecchio non porta nulla! Dovrebbe essere proprio lui a caricarsi il peso per lasciare che il ragazzo controlli la strada camminando più velocemente». Allora il vecchio prese sulle sue spalle il carico e si incamminarono nuovamente ma, arrivati al terzo villaggio, la gente disse: «Com'è possibile che il vecchio debba portarsi sulle spalle tutto il carico mentre il ragazzo e il mulo camminano tranquilli!» Il messaggio è chiaro, ognuno percepisce in maniera differente la realtà oggettiva, alcuni posero l'attenzione sul mulo, altri sul ragazzo, altri ancora sul vecchio.

Non esiste una rappresentazione della realtà uguale per tutti, non esistono valutazioni della realtà uguali per tutti, si può trattare di punti di vista opposti o di lievi sfumature ma ci saranno sempre delle differenze del tutto personali. Come avviene l'elaborazione personale della realtà esterna? Lo schema è questo:
1. realtà esterna;
2. ricevi informazioni ma sei ancora solo spettatore;
3. poni la tua attenzione su determinati fatti;
4. li elabori nella mente e diventi attore;
5. decidi il tuo atteggiamento nei confronti di quei fatti.

Sei tu che decidi a quali informazioni dare più rilevanza, quali sono i dettagli che ti colpiscono di più, come reagire ai fatti esterni.

Decidi il tuo comportamento in base agli stimoli che ricevi dall'esterno, in un tuo modo molto personale e profondo operi delle scelte comportamentali. In PNL siamo soliti affermare che "la mappa non è il territorio", cioè l'elaborazione interna dei fatti (mappa) non sarà mai uguale al 100% alla realtà oggettiva (territorio) che è l'immagine mentale della realtà.

SEGRETO n. 6: esiste la realtà oggettiva, cioè quello che accade "fuori", e la rappresentazione interna che ognuno di noi elabora. Essa è l'immagine mentale della realtà.

Come si percepisce la realtà

Il cervello umano non potrebbe elaborare nel minimo dettaglio tutte le informazioni ricevute e quindi, per non andare in sovraccarico, ne nota solo alcune, dipende dall'elaborazione personale. Il tutto si sviluppa su tre passi:

1. input: le informazioni "arrivano" alla tua attenzione;
2. rappresentazione/elaborazione: elaborazione mentale delle informazioni ricevute;
3. output: atteggiamento/comportamento che ne deriva.

In base a quali meccanismi mentali elaboriamo le informazioni?

Passo 1: input. Immagina che il tuo cervello sia come un filtro fatto a forma di imbuto: ogni informazione esterna entra nell'imbuto per mezzo di filtri/canali sensoriali (vista, udito, tatto, gusto e olfatto). Aristotele per primo definisce i canali sensoriali come unico mezzo che la nostra mente ha per ricevere le informazioni dal mondo esterno e questo concetto è confermato dalle moderne neuroscienze sino a porre le basi della psicologia cognitiva. Prendi atto di ciò che ti circonda, vieni a conoscenza del mondo esterno, prendi informazioni. Come i bambini molto piccoli che prendendo le informazioni del tipo caldo, freddo, fame, sonno, musica, voci, rumori: stanno immagazzinando informazioni dal mondo circostante, impareranno pian piano a dare un significato ai fatti esterni ma solo in un secondo momento, per ora ricevono input e basta.

Passo 2: rappresentazione-elaborazione. È la formazione delle immagini mentali, avviene in modo automatico e continuo, il cervello acquisisce le informazioni principali che vanno in quella che viene definita memoria sensoriale. Gli elementi "scelti" generano immagini mentali. Il cervello utilizza e richiama le immagini mentali per formare le risposte agli eventi esterni, il comportamento basato sulle esperienze precedenti legate a quell'avvenimento.

È una giornata estiva, siamo in città e il termometro segna trentotto gradi. Io ho caldo, cerco l'ombra e sono decisamente insofferente. Tu noti l'aria secca e pensi che, pur facendo caldo, stai bene con quella temperatura e cammini tranquillamente al sole senza problemi. La realtà esterna è la stessa ma quell'informazione viene elaborata da me e da te in maniera diversa generando un comportamento diverso.

Sei al cinema e stai guardando un film d'azione, tu non vedi l'ora che il film finisca: troppa violenza, la trama è misera, la sceneggiatura deludente mentre il tuo amico trova che il film sia coinvolgente e se ne gusta ogni attimo impersonandosi nell'eroe positivo. Anche in questo caso nota come la realtà esterna sia la stessa (il film), ma le rappresentazioni interne sono opposte. Sei sulla metropolitana all'ora di punta, sai che a quell'ora la metropolitana è piena di gente e sai che sarai pressato per tutto il viaggio e non troverai posto per sederti, accanto a te ci sono persone che parlano forte, altri che spingono, qualcuno ti fissa e ti mette a disagio, accanto a te una persona sorride immersa nei suoi pensieri, non fa caso alla ressa, ai rumori e nemmeno alle persone pigiate come sardine che le stanno tutt'intorno, segue i suoi pensieri felici magari pensando alla giornata che l'aspetta e a tutte le cose che l'attendono in maniera serena e rilassata. Poi noti che un'altra persona è immersa nei suoi pensieri e non bada a nulla di ciò che la circonda ma è seria, concentrata su qualcosa e guardandola meglio noti che non sembra affatto serena.

Ecco che qui abbiamo tre diversi atteggiamenti. La realtà esterna è la ressa sulla metropolitana, tu metti l'accento sulla scomodità, le due persone che hai osservato non prestano attenzione alla confusione quanto piuttosto ai loro stati d'animo o a ciò che li attendo dopo. Non c'è niente di giusto e niente di sbagliato, ognuno ha "scelto" il proprio modo di percepire la realtà esterna e si comporta di conseguenza, tutto qui. Come vedremo più avanti i filtri sono sensoriali, interessano cioè i cinque sensi, e cognitivi, cioè tutte le nostre esperienze pregresse, le memorie e le credenze. È l'insieme di tutti questi filtri che determina la percezione della realtà. Si attivano tutti molto velocemente, ancora prima che la mente razionale se ne accorga, tutto avviene a livello inconscio, stai seguendo dei percorsi già tracciati nella tua mente molto tempo prima.

SEGRETO n. 7: la realtà esterna viene percepita e filtrata grazie ai filtri sensoriali che sono i cinque sensi (passo 1: input) e i filtri cognitivi, le credenze e le memorie, e viene poi elaborata internamente dalla mente (passo 2: elaborazione) in maniera del tutto personale.

I filtri sensoriali

I filtri sensoriali sono i cinque sensi: la vista, l'udito, il tatto, il gusto e l'olfatto e sono il canale primario di conoscenza del mondo esterno. La vita di un neonato ne è la prova. Un neonato non sa nulla del mondo circostante ma impara grazie all'attivazione dei cinque sensi. Vede il viso della mamma, del papà, dei fratellini e delle persone attorno a lui, impara a riconoscere le voci familiari e i suoni, gusta i sapori del cibo o dei giochi, sente i profumi e gli odori, impara toccando ed essendo toccato. Il neonato non conosce ancora niente del mondo ma ha a disposizione i suoi cinque sensi ed è da questi che parte la sua conoscenza e la scoperta del mondo. La stessa caratteristica si mantiene crescendo: i cinque sensi sono il mezzo per prendere le informazioni dalla realtà che poi, vedremo come, vengono immagazzinate, elaborate e utilizzate per generare i comportamenti.

Ognuno ha una predilezione per ricevere, processare e trattenere le informazioni. Ci sono persone visive, cioè persone che inconsciamente recepiscono meglio la realtà attraverso le immagini e le loro caratteristiche quali i colori, la nitidezza, i dettagli e così via. Altri preferiscono ricevere informazioni da un punto di visto auditivo, quindi porranno particolare attenzione a ciò che ascoltano: i suoni, le voci, il timbro e il colore delle voci stesse e le intonazioni. Altri ancora processano più agevolmente le informazioni tattili e le emozioni che la realtà propone alla loro attenzione. In altre circostanze saranno i profumi o gli odori a catturare la loro attenzione, oppure i gusti. È sempre presente comunque quella che viene chiamata "sinestesia", cioè l'utilizzo contemporaneo di tutti i canali sensoriali ma sempre con la preponderanza di uno in particolare. Facciamo un esempio: se ci trovassimo su una meravigliosa spiaggia tropicale ci saranno tra noi persone che daranno più importanza alla vista dei particolari della scena, quindi noteranno colori, luce, dettagli della spiaggia, conchiglie, il verde della vegetazione e le sue sfumature e via dicendo.

Altre persone trarranno maggiori informazioni dai suoni, quindi il rumore delle onde che si infrangono, il canto degli uccelli, il rumore del vento, il silenzio o le voci delle persone attorno. Ci sarà poi chi elaborerà facilmente gli aspetti tattili come la temperatura dell'aria e dell'acqua, la sensazione della sabbia sotto i piedi, il calore del sole e le esperienze legate alle emozioni che quella situazione suscita in loro, i ricordi, le sensazioni di pace, tranquillità, il senso di divertimento e di rilassamento. O ancora chi prediligerà gli aspetti olfattivi come ad esempio il profumo del mare e dell'aria, e chi quelli gustativi, e quindi porranno l'accento sui sapori dei cibi o delle bevande legate a quella specifica esperienza sulla spiaggia tropicale. In questo modo si vengono a formare quelle che in PNL chiamiamo "sottomodalità". Le sottomodalità visive, auditive, tattili/emozionali, gustative e olfattive, se richiamate alla mente susciteranno, al nostro ritorno a casa, i ricordi e le esperienze di quel viaggio. Tutti questi aspetti concorrono a formare la nostra personale esperienza riguardo una specifica realtà: il recupero interno delle esperienze.

SEGRETO n. 8: tutti noi, sin da bambini, ci rendiamo conto della realtà esterna in primo luogo attraverso i cinque sensi: vista, udito, tatto, gusto e olfatto. I cinque sensi rappresentano la fonte primaria della nostra conoscenza del mondo esterno.

I filtri cognitivi (ricordi, credenze e valori)

Ci sono altri fattori molto importanti che operano nel processo di recupero interno e sono i filtri cognitivi. Una volta ricevute le informazioni attraverso i canali sensoriali, entrano in gioco (nota bene, il tutto avviene in un attimo nella tua mente) i filtri cognitivi consci, i ricordi e i filtri cognitivi inconsci cioè le credenze, le convinzioni e i valori, il "segno" che ti hanno lasciato tutte le esperienze precedenti, il tuo vissuto. Nell'esempio precedente alcuni ricorderanno un'altra vacanza simile oppure i racconti di viaggio di un amico o il momento in cui hanno deciso di realizzare quel sogno e, da un punto di vista inconscio, credenze e valori porteranno a pensare magari che fare una vacanza ai tropici sia un viaggio come un altro, oppure che rappresenta la realizzazione del sogno di una vita.

Altri si sentiranno appagati e del tutto meritevoli di ciò, altri ancora sentiranno un senso di inadeguatezza pensando al lavoro lasciato a casa o magari alle persone che li criticano (forse per invidia) per aver fatto quella vacanza in quel determinato momento e così via. Questi atteggiamenti derivano direttamente dalle credenze. Credenze che, quando si radicano profondamente nel subconscio, diventano valori. Le credenze rappresentano i veri pilastri del nostro comportamento. Posso farlo, non posso farlo, mi merito questo, non mi merito questo, so farlo, non so farlo. Le credenze sono generatori di comportamento. Nella storia non si contano i casi di persone che, mosse dalle loro credenze più profondamente radicate, hanno dedicato la loro stessa esistenza a una causa. Ghandi ha mosso pacificamente un'intera nazione come l'India verso ideali di libertà e le sue credenze, diventate valori, hanno determinato l'azione e con mezzi del tutto nuovi hanno rivoluzionato la storia del suo paese.

Martin Luther King con il suo sogno di uguaglianza tra bianchi e neri ha traghettato milioni di persone verso la nuova consapevolezza dei loro diritti. Marie Curie con la sua intelligenza e dedizione ha dato una svolta decisiva in campo medico con la scoperta dei raggi X. E ancora Madre Teresa, che credeva nella pietà per i più umili e malati, ha smosso coscienze e nazioni. Questi personaggi hanno messo le loro credenze avanti a tutto e tutti, si sono mossi spinti prima di tutto dalle loro credenze e dai loro valori, nei campi più diversi, in condizioni diverse, con un'istruzione diversa, con mezzi diversi ma tutti con un unico denominatore comune: le loro credenze, così forti e radicate da diventare i loro valori più profondi, tanto forti e solide da convincere altri a seguirli. Le credenze guidano chiunque, non solo i grandi personaggi. Pensa alla tua vita quotidiana: tutte le tue azioni, grandi o piccole, sono guidate dalle tue credenze e non riguardano solo le cosiddette "buone azioni" ma muovono tutti i comportamenti umani, anche quelli meschini, cattivi, verso sé e verso gli altri, egoisti, sprezzanti della libertà.

SEGRETO n. 9: i filtri cognitivi che sono le memorie, le credenze e i valori, sono il mezzo attraverso il quale ci facciamo un'opinione del mondo esterno; sono il nostro timone emozionale.

Passo 3: output (atteggiamento/comportamento conseguente alle informazioni ricevute). Con l'attivazione dei filtri sensoriali e dei filtri cognitivi si attiva una personale elaborazione della realtà che prende il nome di "rappresentazione interna". Dopo aver immagazzinato informazioni, codificato, organizzato e dato un significato alla realtà esterna, viene completato il *recupero interno* delle informazioni, la rappresentazione interna: puoi quindi valutare, scegliere un comportamento e sei pronto per agire. Il tuo atteggiamento sarà dunque potenziante e ti farà sentire bene oppure depotenziante e ti farà sentire la limitazione, sei comunque sempre allineato con le credenze del subconscio.

L'altro giorno ero al bar a fare colazione. Era una bellissima giornata di sole, la primavera iniziava a farsi sentire dopo un inverno lungo e grigio, il cielo era di un azzurro brillante e non c'era una nuvola in cielo, tutto sembrava perfetto. Scambio le mie impressioni sulla giornata e sul weekend alle porte con il barista, con stupore noto in lui un'aria seria, sembrava tutt'altro che contento, ho pensato avesse altro per la testa che non parlare del tempo e proprio mentre facevo quelle riflessioni il barista mi dice: «Con queste giornate di sole guadagnerò di meno, molti andranno fuori per il weekend!»

La realtà diceva chiaramente che era una giornata splendida, l'aria tiepida, la luce forte del sole, quel senso di tepore sulla pelle, il profumo della primavera ecc. Io attraverso la rielaborazione della realtà ho un atteggiamento positivo: i miei sensi, le mie memorie e le mie credenze mi fanno stare bene e assumere un atteggiamento potenziante e sereno mentre il barista, pur ricevendo le stesse informazioni attraverso i cinque sensi, rielabora con i suoi ricordi e le sue credenze scegliendo di avere un atteggiamento limitante, di vedere il famoso bicchiere mezzo vuoto. "Non guadagnerò abbastanza" è la credenza primaria e non lo fa sentire bene, ovviamente. La mia invece è "in primavera il mio fisico sta bene". Ecco che la rappresentazione interna cambia. Mi sono abituata a giudicare il meno possibile, quindi penso che ognuno di noi due avesse le sue ragioni ma questo esempio mi è stato utile per riflettere ancora una volta su quanto le credenze abbiano potere sulla mente umana.

Durante una cena con amici ho ascoltato un discorso di questo tipo: «Mia moglie detesta il disordine e si lamenta sempre di come la mia scrivania sia piena di fogli e foglietti con annotazioni di appuntamenti e cose da fare, ma io mi trovo bene così, nel mio disordine trovo tutto!» E la moglie a ribattere: «Non riesco a capire come fai a trovare tutto in quel disordine, per fortuna i documenti di casa li metto in ordine io e so sempre dove trovarli, ben organizzati nei raccoglitori, pronti alla consultazione in qualsiasi momento». Ancora una volta si tratta di un'elaborazione diversa delle informazioni ricevute. Il marito pensa: «Nel mio disordine trovo tutto» mentre la moglie pensa:«Voglio avere tutto bene ordinato se no non trovo niente». Le loro credenze sono in netto contrasto e l'atteggiamento che ne deriva è diverso.

SEGRETO n. 10: i filtri sensoriali e i filtri cognitivi ci danno la nostra personale rilettura della realtà, la rappresentazione interna, determinando le nostre azioni, comportamenti e il nostro atteggiamento di risposta agli stimoli esterni.

RIEPILOGO DEL CAPITOLO 2:

- SEGRETO n. 6: Esiste la realtà oggettiva, cioè quello che accade "fuori", e la rappresentazione interna che ognuno di noi elabora. Essa è l'immagine mentale della realtà.

- SEGRETO n. 7: La realtà esterna viene percepita e filtrata grazie ai filtri sensoriali che sono i cinque sensi (passo 1: input) e i filtri cognitivi, le credenze e le memorie, e viene poi elaborate internamente dalla mente (passo 2: elaborazione) in maniera del tutto personale.

- SEGRETO n. 8: Tutti noi, sin da bambini, ci rendiamo conto della realtà esterna in primo luogo attraverso i cinque sensi: vista, udito, tatto, gusto e olfatto. I cinque sensi rappresentano la fonte primaria della nostra conoscenza del mondo esterno.

- SEGRETO n. 9: I filtri cognitivi che sono le memorie, le credenze e i valori, sono il mezzo attraverso il quale ci facciamo un'opinione del mondo esterno; sono il nostro timone emozionale.

- SEGRETO n. 10: I filtri sensoriali e i filtri cognitivi ci danno la nostra personale rilettura della realtà, la rappresentazione interna, determinando le nostre azioni, comportamenti e il nostro atteggiamento di risposta agli stimoli esterni.

CAPITOLO 3:

Come fare a scegliere

Perché le persone fanno quello che fanno?

In base a ciò che abbiamo visto finora, i passi attraverso i quali viene scelto un determinato atteggiamento sono:

1. input: acquisizione delle informazioni provenienti dalla realtà esterna attraverso i filtri sensoriali;

2. elaborazione mentale della realtà esterna attraverso filtri cognitivi, memorie, credenze e valori;

3. output: valutazioni, decisioni e comportamenti conseguenti.

Ridotto all'osso abbiamo, per esempio: un avvenimento (la pioggia), l'elaborazione (mi rendo conto che piove), il comportamento (prendo l'ombrello). Prendere l'ombrello è la strategia, o almeno una delle strategie, in caso di pioggia. Soffermiamoci sul punto 3: l'output, le valutazioni, le decisioni e i comportamenti. Perché le persone fanno quello che fanno? Abbiamo visto i filtri sensoriali (i cinque sensi) e i filtri cognitivi (memorie, credenze e valori) ma esiste anche un altro fattore determinante, quello che si può definire il nostro "pilota automatico". Che cos'è il pilota automatico? È quell'insieme di abitudini mentali che ci porta ad assumere un determinato atteggiamento inconsciamente, senza la percezione di aver fatto una scelta precisa. Quante delle azioni che fai ogni giorno sono "pensate" e quante invece avvengono automaticamente?

Quando hai imparato a guidare ti sarà successo quello che accade a tutti i principianti. Pensavi a tutte le azioni: metto la cintura, aggiusto lo specchietto retrovisore, guardo i pedali, dov'è la frizione? Qual è il pedale del freno? E quello dell'acceleratore? Dunque, la prima marcia è avanti a sinistra, la seconda è indietro a sinistra e così via, tutte le tue azioni erano accuratamente pensate proprio perché nuove e quindi non ancora automatiche. Oggi tu sali in auto e non pensi assolutamente a cosa fai per metterla in moto e per guidarla, lo fai e basta e nel frattempo pensi magari a quello che dovrai fare durante la giornata, senza prestare le minima attenzione a tutte le azioni necessarie per guidare l'auto. Ti viene automatico mettere in moto e partire, guardare lo specchietto, accelerare o frenare al momento giusto, ingranare le marce, tutto avviene seguendo un'abitudine consolidata e sembra quasi che le azioni si compiano da sole, pensaci un attimo, non è così? Questo è un bene perché se dopo anni di pratica ancora dovessi pensare a dove sia il pedale della frizione o il freno e ti fermassi a guardare i pedali mentre guidi, bè, non sarebbe né pratico né sicuro! Ecco, la stessa cosa accade con alcune scelte della nostra vita: avvengono automaticamente, quasi da sole, proprio perché abbiamo l'abitudine mentale a scegliere determinati comportamenti piuttosto che altri.

Il capo in ufficio ti riprende per un errore che hai commesso: tu ti arrabbi e ribatti oppure taci e ti senti a disagio? O ancora: la persona che ti interessa e con la quale vorresti avere una relazione seria si dimostra attratta da un altro, qual è il tuo primissimo atteggiamento? Ti incupisci e ti arrendi soffrendo oppure il tuo primo istinto è quello di essere ancora più stimolato a conquistarla? Attenzione, ti sto parlando della prima sensazione che provi, degli atteggiamenti che intervengono prima del ragionamento, prima delle scelte ponderate.

In questo capitolo ti voglio parlare proprio di questo, cioè di quali sono gli atteggiamenti mentali automatici che scegli quasi senza scegliere, quelli non razionali, quelli istintivi. Anche gli atteggiamenti cosiddetti istintivi sono guidati dalle credenze inconsce, dalle informazioni ricevute nella più tenera età.

SEGRETO n. 11: i nostri atteggiamenti istintivi sono il frutto delle credenze che abbiamo ricevute e fatte nostre già dall'infanzia.

I metaprogrammi

Gli atteggiamenti generano le strategie mentali e passano attraverso quelli che in PNL vengono definiti i *metaprogrammi*. I metaprogrammi sono programmi mentali che intervengono inconsciamente prima (*meta*) che pensi di compiere una determinata azione, sono l'attivazione del "pilota automatico". Non ci devi pensare più di tanto, lo fai automaticamente. Si tratta di comportamenti appresi, basati su credenze, che servono per suddividere e organizzare le informazioni e scegliere le strategie mentali in risposta agli avvenimenti.

Il carattere non è altro che una serie di comportamenti ripetuti. Dato uno stimolo X si attiva il comportamento Y. I comportamenti seguono strade già determinate e lo fanno in maniera automatica, intervengono cioè prima di una qualsiasi valutazione razionale. Andiamo nel dettaglio di alcuni atteggiamenti che avvengono in modo apparentemente istintivo ma che in realtà sono la conseguenza delle credenze apprese. I metaprogrammi sono molti ma per chiarezza qui prenderemo in considerazione i quattro più comuni:

- via da – verso;
- uguaglianza – differenza;
- dettaglio – generale;
- riferimento esterno – riferimento interno.

Metaprogramma "via da – verso"

Ricordo di essere andata al supermercato con una mia amica proprio pochi giorni prima di Natale. Carrelli che si riempivano, tanta gente, la musica di sottofondo e la lista della spesa in mano: pensavamo che nonostante tutti i buoni propositi, anche quest'anno ci eravamo ridotte all'ultimo momento per fare la spesa del pranzo di Natale. Una situazione tipica. Per prima cosa decidiamo di andare al banco del fresco: «Troppa coda», penso, «Andiamo prima al banco del pane, c'è meno gente». La mia amica mi trattiene dicendo che è meglio restare e fare la coda pazientemente per avere il tempo di guardare e scegliere in attesa del nostro turno. La primissima scelta, il primo impulso che ho avuto io è stato quello di allontanarmi mentalmente, e quindi anche fisicamente, dallo stare in coda a lungo. Scelgo in maniera inconscia di "andare via da" quella situazione prima ancora di scegliere un'alternativa. La mia amica sceglie di andare "verso" la scelta ponderata dei cibi da acquistare sfruttando l'attesa, va verso la situazione, per lei non è importante stare in coda perché le permette di pensare con più calma.

SEGRETO n. 12: automatismo mentale "via da qualcosa" o "verso qualcosa" è il comportamento inconscio che ci porta prima di tutto ad allontanarci da una situazione oppure l'atteggiamento che ci porta prima di tutto ad andare verso una nuova situazione.

Metaprogramma "uguaglianza – differenza"
Continuiamo la nostra spesa ed eccoci davanti ai detersivi.

Cerchiamo il detersivo per lavatrice tra le innumerevoli marche. Decidiamo di prendere due prodotti diversi: la mia amica sceglie la marca più venduta rassicurata dal fatto che costa magari un po' di più ma tutti dicono che sia il detersivo migliore, lo vede sempre nelle pubblicità televisive così accattivanti e convincenti e istintivamente lo sceglie. Invece io scelgo un altro prodotto, una marca non pubblicizzata e poco conosciuta, pensando che con quel detersivo ho già avuto ottimi risultati. Proprio perché tutti comprano la marca più conosciuta io ne scelgo una meno nota: perché devo fare come tutti gli altri?

SEGRETO n. 13: automatismo mentale "uguaglianza" oppure "differenza" è il comportamento inconscio che ci porta prima di tutto a scegliere in base al bisogno di uguaglianza con gli altri o l'esatto opposto, cioè fare istintivamente scelte diverse dagli altri.

Metaprogramma "dettaglio – generale"
Continuiamo nella nostra spesa e girando tra gli scaffali nei corridoi del supermercato ci troviamo al banco della frutta e verdura. Entrambe vogliamo comprare delle arance. Una gran

quantità di belle arance sta proprio davanti a noi e quindi automaticamente facciamo la nostra scelta. Nota bene, ho detto automaticamente, qui si sta parlando di pilota automatico, giusto?

Io prendo quelle che mi sembrano più succose e meno care, le mie valutazioni istintive si basano solo su questi due parametri mentre la mia amica incomincia a guardare tutte le arance come non le avesse mai viste prima, con un'attenzione accuratissima, si informa da dove provengano, Italia o estero, e se provengono dall'estero da quale paese, controlla la grandezza, esamina lo spessore della buccia, le avvicina al naso per sentirne il profumo, questa qualità ha troppi semi, quest'altra qualità è buona solo a gennaio, se sono piccole hanno più succo e meno buccia, sono bio? Insomma, ha bisogno di una quantità molto maggiore di dettagli rispetto a quelli che normalmente servono a me.

SEGRETO n. 14: automatismo mentale "dettaglio" oppure "generale" è il comportamento inconscio che ci porta prima di tutto a scegliere soddisfacendo il bisogno di avere molti dettagli oppure, quando è sufficiente, il quadro generale di una situazione.

Metaprogramma "riferimento esterno – riferimento interno"

Verso la fine della nostra spesa passiamo nel reparto elettrodomestici, alla mia amica serve ancora un regalo per la cognata. Bene, eccoci qua, tra tantissimi elettrodomestici grandi e piccoli… andiamo sui piccoli. Tostapane, friggitrici, ferri da stiro, bollitori, macchine per il caffè e chi più ne ha più ne metta. Come potete immaginare, a questo punto si apre un mondo, cosa le prendo? È la domanda che temevo! La parte più faticosa del nostro peregrinare al supermercato! Le propongo tutte le soluzioni possibili, non conosco sua cognata ma ce la metto tutta per essere d'ispirazione.

Passiamo e ripassiamo nelle corsie, valutiamo i pro e i contro, lei mi guarda sempre come se stessi per proporle una cassetta di lombrichi… sono esausta! La sua scelta iniziale era per una macchina del caffè e anche se le avevo fatto vedere molti altri prodotti lei torna alla sua scelta iniziale, il mio parere non ha minimamente influito, la mia amica si è basata solo su ciò che lei stessa riteneva giusto. Nel frattempo vicino a noi arriva una coppia di ragazze, hanno bisogno di un ferro da stiro per la mamma di una di loro.

La ragazza chiedeva continuamente all'amica: «Ma tu cosa ne pensi? Secondo te va bene?» Non contenta chiede alla commessa se secondo lei quel tipo di ferro da stiro sarebbe piaciuto alla mamma (la sua, non quella della commessa!!!), poi si gira verso di noi e ci fa la stessa domanda: «Questo ferro secondo voi va bene?» In questo caso è evidente che il comportamento della ragazza sia quello che si definisce "riferimento esterno", ha bisogno di sentirsi appoggiata nelle scelte, di confrontarsi con altri prima di scegliere. Il suo atteggiamento mentale istintivo è chiedere conferma ad altri prima di scegliere. Nel caso della mia amica non c'è stata richiesta vera e propria di un parere, la sua idea le è stata più che sufficiente per decidere e questo è un atteggiamento "riferimento interno". In questo caso si possono ascoltare i consigli di altri ma la decisione istintiva viene presa riferendosi solo al proprio pensiero.

SEGRETO n. 15: automatismo mentale "riferimento esterno" o "riferimento interno" è il comportamento inconscio che ci porta a un atteggiamento di richiesta di pareri dall'esterno oppure a un atteggiamento di scelta autonoma senza particolare bisogno di pareri esterni.

Generalizzazioni, cancellazioni e distorsioni

A volte le persone mi dicono: «Sono fatto così, non ci posso fare niente». Ritengo fondata solo la prima affermazione. Siamo "fatti" così, o meglio ci hanno insegnato (genitori, parenti, amici, realtà esterna) a essere così. Abbiamo diretto le nostre scelte e le nostre esperienze per "rispondere" alla realtà in un determinato modo ma non sono affatto d'accordo sul fatto che non ci si possa fare niente. La mente fa di tutto per proteggerci, per farci sentire sempre nella nostra "normalità", quella che viene definita *zona di comfort*. Un fatto ha sempre molte possibilità di valutazione e generalmente scegliamo le possibilità che ci riportano alla nostra normalità, per avere sempre modo di confermare le nostre credenze anche a costo di non essere felici. La mente compie tre passaggi:

- generalizza;
- cancella;
- deforma.

Generalizziamo le informazioni esterne, ne cancelliamo alcune e distorciamo l'evidenza per renderla più simile a come siamo abituati a pensare, scegliere e agire, per renderci simili alle nostre credenze. La generalizzazione è il processo grazie al quale a una varietà di esperienze viene associato il medesimo significato, ha la funzione di attenuare la varietà per rendere la gestione delle esperienze più facile. Ad esempio, Paolo è intelligente e ha un lavoro bellissimo, Mario è intelligente e ha un lavoro bellissimo, Carla è intelligente e ha un lavoro bellissimo, quindi tutte le persone intelligenti hanno un lavoro bellissimo. Vedi come generalizzando la realtà appare più gestibile, più sotto controllo? Essere intelligente significa avere un lavoro bellissimo, ecco che generalizzando si attribuisce un solo significato al fatto di essere intelligente.

Con la cancellazione la mente non tiene conto di tutte le informazioni ricevute ma solo di alcune, evitando così il sovraccarico. Altro esempio: Paolo è intelligente, ha un lavoro bellissimo ma è sempre sotto stress, Mario è intelligente e ha un lavoro bellissimo ma è sempre lontano dalla famiglia, Carla è intelligente e ha un lavoro bellissimo ma non guadagna abbastanza, cioè tutte le persone intelligenti hanno un lavoro bellissimo e viene cancellato il fatto che il loro bellissimo lavoro le porti a essere sotto stress, oppure lontane dagli affetti o non guadagnino a sufficienza. Con queste cancellazioni si riporta alla mente ciò che serve in quel momento, e cioè essere intelligente porta ad avere un bellissimo lavoro, e si tralascia il resto delle informazioni.

Alcuni, nell'esempio precedente cancellerebbero il fatto che essere intelligenti porta ad avere un lavoro bellissimo e terrebbero solo l'informazione che un lavoro bellissimo porta stress, faccia stare lontano dalla famiglia e porti poco guadagno perché ognuno applica le credenze all'interpretazione dei fatti. Se la tua credenza radicata è che vuoi evitare lo stress metterai l'accento solo su quell'aspetto e metterai in secondo piano le altre informazioni, se la tua credenza è che stare con la famiglia sia la cosa più importante noterai prevalentemente quella parte di informazione, così come se la tua credenza è voler guadagnare molto denaro quella per te sarà la principale informazione e il resto verrà "cancellato". Il passo successivo è la deformazione della realtà o, in altri termini, l'adattamento dei fatti esterni per confermare le personali credenze e la personale visione del mondo.

Cambiando la percezione della realtà, cioè deformandola, si arriva a formulare pensieri abituali, percorsi mentali già sperimentati che danno la sicurezza della ripetitività, che lasciano intatta la zona di comfort. Paolo è intelligente, ha un bellissimo lavoro ma è sempre sotto stress, non ne vale la pena, preferisco il mio lavoro che sarà anche ripetitivo ma almeno quando ho finito le mie ore sono tranquillo, sto con la mia famiglia, gusto le gioie di tutti i giorni e anche se non guadagno tanti soldi riesco, con un po' di sforzo, ad arrivare a fine mese, in fondo la maggior parte delle persone fa così, questa è la vita. Altri attuerebbero una deformazione del tipo: «Ok, io sono intelligente e merito un bellissimo lavoro, pazienza, sono stressato e sto poco con la mia famiglia però guadagno molti soldi!» Vedete come in questo caso una realtà esterna è stata adattata alle necessità della persona che sta facendo la valutazione riportando un'esperienza di successo a un'esperienza da evitare.

Un altro esempio potrebbe essere: Paolo ha un bel lavoro, è vero, è sempre sotto stress ma lo stress è stimolante, oppure: ha avuto fortuna, ha un'intelligenza nella media e quello che l'ha aiutato è stato conoscere le persone giuste al momento giusto; o ancora: io non ho mai avuto fortuna nella vita quindi continuo a fare un lavoro noioso ma almeno sto con la mia famiglia. Confermare le proprie credenze porta a generalizzare, cancellare e deformare i fatti della realtà esterna per renderli simili a ciò in cui siamo abituati a credere.

Ora che hai visto cosa accade in meno di una frazione di secondo nella tua mente, ogni giorno e in ogni momento della tua vita, ti sei reso conto di quanto potente, complessa e fantastica sia la mente umana. Tornando all'esempio del neonato, in lui non sono ancora attivati tutti i meccanismi e le credenze non hanno ancora alcun significato. Il neonato è una lavagna bianca nella quale verranno scritte le sue personali regole di comportamento. La realtà scorre e lui inizia appena a ricevere le informazioni, gli input. In questa fase sono di aiuto solo i suoi cinque sensi: la vista che pian piano si schiarisce sempre di più facendogli notare i colori diversi della realtà, i visi delle persone, i bordi della sua culla, il giochino che gli fanno vedere, l'udito che gli fa sentire i rumori, le voci, la musica, il tatto che fa conoscere il ruvido o il morbido, il freddo o il caldo e tutte le sensazioni che sono trasmesse dalla sua pelle, il gusto per i sapori del cibo o dei giochi, l'olfatto per i profumi o gli odori. In tutto questo grande processo di apprendimento gli manca, almeno all'inizio, la capacità di dare un significato al mondo esterno. Man mano che il tempo passa e la sua capacità di interazione aumenta, gli vengono dati insegnamenti, impara a tenersi lontano dal fuoco perché il fuoco brucia, sa che se cade si fa male, sa riconoscere dal tono della voce se la mamma è tranquilla o no, vede e riconosce il suo cibo preferito e ne chiede consapevolmente e non solo perché sente l'istinto della fame.

Nei primi sette anni di vita e anche dopo, ci vengono "insegnate" anche le credenze: ci viene insegnato cioè come comportarci e cosa pensare di noi e del mondo. «Non rispondere quando ti sgrido! Vedi i tuoi compagni come sono bravi a scuola mentre tu fai sempre pasticci? Tu sei nato per giocare a calcio! Chiedi sempre il permesso prima di parlare, non disturbare, la matematica non è proprio per te, sei timido, se non fatichi non otterrai mai niente, non è bene dare confidenza alle persone, non sei fortunato, accontentati, c'è chi non ha nulla! La vita va così. Ti riconosci in queste credenze? Quali credenze apprese hai tenuto per te come se fossero veramente tue e per quali credenze ti sei sentito limitato nella vita? Cosa avresti tanto voluto fare ma non sei mai riuscito a fare perché "credevi" di non essere in grado o di non meritare?

Qualunque sia stato il tuo atteggiamento, le credenze hanno determinato le tue azioni nel bene o nel male. Le credenze ci sono quando la mente applica i filtri sensoriali e cognitivi, quando sceglie automaticamente il comportamento "via da" o "verso" "uguaglianza" o "differenza", "dettaglio" o "generale" "riferimento interno" o "riferimento esterno" e ci sono sempre, anche quando la mente generalizza, cancella e deforma, sono lì forti e radicate. Se sono credenze che ti fanno stare bene è tutto ok, ma se ti limitano? Allora cosa accade? Quanti progetti andati in fumo, quanta frustrazione, invidia e malessere nel vivere la vita. La buona notizia è che le credenze limitanti si possono cambiare!

SEGRETO n. 16: generalizziamo, cancelliamo e deformiamo i fatti della realtà esterna per far sì che siano la prova delle nostre credenze.

RIEPILOGO DEL CAPITOLO 3:

- SEGRETO n. 11: I nostri atteggiamenti istintivi sono il frutto delle credenze che abbiamo ricevute e fatte nostre già dall'infanzia.

- SEGRETO n. 12: Automatismo mentale "via da qualcosa" o "verso qualcosa" è il comportamento inconscio che ci porta prima di tutto ad allontanarci da una situazione oppure l'atteggiamento che ci porta prima di tutto ad andare verso una nuova situazione.

- SEGRETO n. 13: Automatismo mentale "uguaglianza" oppure "differenza" è il comportamento inconscio che ci porta prima di tutto a scegliere in base al bisogno di uguaglianza con gli altri o l'esatto opposto, cioè fare istintivamente scelte diverse dagli altri.

- SEGRETO n. 14: Automatismo mentale "dettaglio" oppure "generale" è il comportamento inconscio che ci porta prima di tutto a scegliere soddisfacendo il bisogno di avere molti dettagli oppure, quando è sufficiente, il quadro generale di una situazione.

- SEGRETO n. 15: Automatismo mentale "riferimento esterno" o "riferimento interno" è il comportamento inconscio che ci porta a un atteggiamento di richiesta di pareri dall'esterno oppure a un atteggiamento di scelta autonoma senza particolare bisogno di pareri esterni.

- SEGRETO n. 16: Generalizziamo, cancelliamo e deformiamo i fatti della realtà esterna per far sì che siano la prova delle nostre credenze.

CAPITOLO 4:
Come fare per cambiare

Come abbiamo visto nei capitoli precedenti, ognuno di noi crea una personalissima interpretazione della realtà. La realtà esterna è oggettiva, accade al di fuori, immediatamente metti in azione i tuoi filtri sensoriali e cognitivi affinché la realtà "assomigli" a ciò in cui hai sempre creduto, o meglio, a ciò che sei abituato a credere e a pensare. Il subconscio ha una funzione protettiva e ti fa percorrere sempre le stesse "strade" mentali, quelle appunto che sei abituato a percorrere; che ti facciano stare bene o meno bene, esse rappresentano la tua "zona di comfort". Cos'è dunque la zona di comfort? È quell'insieme di abitudini fisiche e mentali che ti fanno sentire sicuro.

Giorgio, una delle persone che ho seguito nel mio lavoro di coach, si sente senza stimoli e demotivato. Abbiamo iniziato ad analizzare la sua giornata "tipo". Sveglia sempre alla stessa ora, il suo primo pensiero aprendo gli occhi al mattino è la visione di una giornata faticosa in ufficio tra mille problemi da risolvere, il capo che l'avrebbe sicuramente fatto sentire a disagio pretendendo sempre di più e criticando la maggior parte del suo operato, colleghi invidiosi, meschini e pettegoli. Una volta alzato si prepara e fa colazione, esce di casa e sa che deve affrontare il traffico del mattino, conosce ogni buca della strada e sa esattamente che a quel determinato incrocio perderà un sacco di tempo, sa che a quel semaforo troverà il solito lavavetri, accende la radio e sente sempre lo stesso canale di notizie, parcheggia, più o meno sempre nello stesso posto e che ritiene comodo per l'ufficio, compra il giornale dal solito giornalaio e sa che commenteranno insieme le partite, il tempo o gli ultimi avvenimenti, va al bar a prendere il solito caffè con le solite persone e il solito barista che si lamenterà di aver fatto tardi la sera prima e che quindi ha sonno e si lamenta della fatica di andare a lavorare, entra in ufficio e scambia le solite battute con l'uscere e i colleghi, pausa caffè, sempre alla stessa ora, stress, fatica, pensa a quante cose vorrebbe fare se non fosse lì al lavoro.

Pausa pranzo sempre nello stesso bar, mangiando sempre più o meno le stesse cose, pomeriggio sempre più faticoso e privo di stimoli e di nuovo in auto dopo essere "uscito tardi anche stasera". Traffico serale, coda di auto, semaforo con il lavavetri, incrocio caotico, parcheggia l'auto nel box pensando: «Devo aggiustare questa serratura, non funziona, ma quando avrò tempo per farlo? Sabato mattina lo faccio, ah no, sabato mattina c'è da fare la spesa, poi una passeggiata in centro a comprare qualcosa, poi la sera... no la sera sarò stanco, allora lo farò domenica se avrò tempo... che fatica vivere giorno per giorno con questo lavoro che non mi gratifica e sempre le stesse facce davanti, sempre le stesse cose... già, però questo lavoro mi fa guadagnare e mi permette di vivere, e poi cosa voglio di più? Tutti fanno fatica, è normale, i miei genitori hanno fatto così, i miei amici fanno così, in fondo sento che i giorni passano tutti uguali, senza grandi vittorie ma anche senza grandi sconfitte, allora forse è giusto così!»

Pensate che questa sia una credenza che permetterà a Giorgio di inseguire i suoi sogni e di realizzarli? Lui vorrebbe occuparsi di antiquariato, da sempre è una sua passione, vorrebbe vendere, comprare, valutare oggetti artistici, ha letto molti libri in merito e sente di avere una buona preparazione, poi le credenze che gli sono state trasmesse lo hanno portato a cercare un lavoro completamente differente, in una grande azienda, lui si occupa di contabilità. Quando è stato il momento di scegliere la scuola superiore, pur sapendo che la sua passione era un'altra, ha scelto la strada che lo avrebbe condotto al lavoro che i suoi genitori sognavano per lui e così ha messo da parte la sua passione e i suoi sogni. Tutti gli dicevano che un posto fisso era la cosa migliore che gli potesse capitare e che i sogni vanno bene per i poeti, non per mangiare tutti i giorni.

Questa è diventata la sua credenza guida, talmente radicata da diventare uno dei suoi valori. Giorgio ora sta saldo nella zona di comfort che si è creato per sentirsi sicuro, sicuro di aver fatto la scelta giusta, ma giusta per chi? Non sto dicendo che la zona di comfort sia un male, anzi, uno dei sei bisogni umani è la sicurezza, ma quanto "costa" a Giorgio la mancanza di varietà, un altro dei bisogni umani? Non sempre la zona di comfort ci permette di stare veramente bene, a volte atrofizza slanci e sogni ma ci fa stare "tranquilli".

Hai mai notato che i bambini e le persone avanti con gli anni sono molto abitudinari? Questo deriva dal fatto che la routine dà loro la sicurezza di cui, per un motivo o per un altro, essi hanno molto bisogno. Si tratta di due momenti particolari della vita. I bambini vogliono conoscere e "fissare" determinati comportamenti che li rendono uguali al mondo esterno per crescere tra "simili", mentre le persone anziane spesso sentono un senso di fragilità dopo una vita di sfide piccole o grandi e quindi cercano abitudini che scandiscano benevolmente ogni attimo della loro giornata per sentirsi più "protetti" e tranquilli.

Come sempre non esiste un atteggiamento totalmente buono o totalmente cattivo, a parte le debite eccezioni di cui però qui non ci occupiamo. Esistono comportamenti che ci fanno stare più o meno bene e anche la ricerca della zona di comfort ha degli aspetti positivi e altri meno, dipende da come ci fa sentire.

Io sono abituata a bere un buon caffè appena mi alzo al mattino, mentre guardo fuori dalla finestra che tempo fa: è uno dei gesti che fanno parte della mia zona di comfort mattutina. Penso, "vedo" la giornata, mi fa stare bene e continuo a farlo piuttosto rinunciando a un'altra tazzina di caffè durante la giornata e per me va bene così. La doccia della sera per "lavare via" la stanchezza della giornata o quella del mattino per energizzarmi fanno anch'esse parte della mia zona di comfort. Credo, e questa è una delle mie credenze più forti, che curando il mio corpo anche la mia mente sarà più attiva e tonica.

SEGRETO n. 17: la zona di comfort è una serie di abitudini fisiche e mentali che ci dà un senso di sicurezza e ci mette al riparo da cambiamenti che potrebbero farci paura o anche solo darci fastidio.

Fuori dalla zona di comfort

Suggerisco a Giorgio di cambiare anche piccole cose nella sua giornata, come per esempio pensare appena sveglio che il suo lavoro è importante per lui e per la sua famiglia e che lui lo svolgerà al meglio nonostante il capo e i colleghi; scegliere di fare colazione con cibi diversi o sostituendone alcuni, percorrere un'altra strada per andare in ufficio o andare al lavoro in autobus, fare la pausa caffè in un altro orario, magari parcheggiare un po' più lontano per regalarsi una piccola passeggiata prima di iniziare la giornata e così via. Questo darebbe un senso di novità al suo subconscio che gli permetterebbe, apprezzando i cambiamenti, di "inserire" nuovi pensieri positivi e il suo stato d'animo sarebbe pronto a ricevere i suoi desideri e i suoi sogni. In questo modo si può sostituire la credenza limitante di Giorgio che vedeva il lavoro solo come fatica e frustrazione con una nuova credenza, questa volta potenziante: "il mio lavoro attuale, che io svolgo al meglio delle mie possibilità, dà sicurezza a me e alla mia famiglia".

Il subconscio, uscendo qualche volta dalla zona di comfort, è aperto al nuovo mantra positivo, lo stato d'animo è potenziante, il cervello riceve nuovi input facendoli diventare un vero e proprio comportamento nuovo e preparando la strada a nuovi pensieri che lo porteranno alla realizzazione del suo sogno.

SEGRETO n. 18: quando agiamo in maniera differente uscendo dalla routine dei gesti e dei pensieri ci regaliamo la possibilità di aprire anche la nostra mente a nuove credenze potenzianti.

Quando cambiamo?

A chi non è capitato di decidere di fare ordine in un armadio? Ogni volta che ti prepari per uscire trovi sempre le stesse cose, altre non sai nemmeno più di averle e poi ti lamenti di "non avere niente da mettere". Ogni volta ti dici che sarebbe proprio ora di mettere ordine ma rimandi, non hai tempo, non ne hai voglia: «Chissà cosa c'è in fondo a questo cassetto? Dove ho messo quella camicia che mi piaceva tanto? Dov'è finita la maglia blu?»

È una situazione un po' fastidiosa quella di avere sotto mano sempre le stesse cose, mentre sai benissimo che c'è altro nell'armadio ma ormai è un'abitudine cercare e soprattutto trovare sempre le stesse cose per poi magari comprarne altre da fare poi inevitabilmente finire in fondo al cassetto. Pensi di dover fare ordine nell'armadio, ma lo pensi solo perché tutto sommato sei abituato a trovare sempre le stesse cose e sai che le stesse cose ti danno sicurezza, non sono il massimo ma le hai già indossate moltissime volte, sai come ti stanno e sei tranquillo.

Il giorno che decidi di riordinare l'armadio invece passi dal solo *pensare* al *fare* e quindi all'*essere* una persona più soddisfatta, con molte più cose da scegliere. Si cambia davvero quando si smette di pensare e si inizia ad essere. Arriva il momento che senti di dover mettere ordine nel tuo armadio e allora inizi a svuotarlo per capire esattamente cosa ci sia dentro e mentre lo fai, pur nel gran disordine che si crea, magari sul letto dove appoggi tutti gli abiti, scopri capi che non ricordavi nemmeno più di avere, abiti mai messi, cose che non metterai mai più perché non sono più di tuo gusto oppure non sono nemmeno più di moda, fai una gran bella scrematura di ciò che ti piace e ciò che non ti piace più. Cosa fai con ciò che ci rimane? Dopo aver pulito a fondo l'armadio togliendo la polvere che si è accumulata nel tempo, provi già una bella sensazione di chiarezza e noti che si sta materializzando davanti ai tuoi occhi una nuova realtà.

La sensazione è davvero bella. Rimetti gli abiti nell'armadio pulito dopo averli rinfrescati e, man mano che li metti a posto scopri quante possibilità in più hai per preparati alla nuova giornata ed essere soddisfatto/a del tuo aspetto immaginando i commenti positivi delle persone che incontrerai. Hai semplicemente deciso di mettere ordine, di fare il punto della situazione, hai valutato cosa volevi tenere e cosa volevi buttare e con quello che è rimasto stai creando il tuo "nuovo mondo", il tuo cambiamento. Quante volte ti è capitato di rimandare la pulizia dell'armadio mentre ti accontentavi degli abiti che trovi per abitudine sempre nello stesso posto, senza darti veramente la pena di cercare cosa ci fosse di diverso? La cosa bella è che era già tutto lì, a tua disposizione, bastava cercare e prenderne coscienza.

Trovo che questa metafora sia molto chiara e utile nel caso del cambio delle credenze limitanti. Infatti, corpo e mente sono strettamente legati in quella che viene chiamata "unità cibernetica". Siamo ciò che pensiamo di essere. Se pensi di non poter fare qualcosa ti metti automaticamente in condizione di non saper fare quella determinata cosa. Se pensi di non avere molte scelte in qualsiasi ambito della tua vita non vedrai mai le possibilità che si offrono davanti ai tuoi occhi. Passare dal solo *pensare* al *fare* qualcosa di concreto e quindi all'*essere* una persona nuova e con nuove credenze è la chiave del cambiamento.

SEGRETO n. 19: il pensiero da solo non basta, bisogna fare chiarezza su ciò che siamo e su ciò che vogliamo essere per passare dal pensiero all'azione e infine alla nuova identità.

I livelli di pensiero

Generalmente abbiamo un determinato grado di "competenza inconscia" e i risultati crescono a seconda delle credenze in merito a un determinato avvenimento. Non sono bravo in matematica, non sono capace di cambiare, non posso pensare in modo differente, sono fatto così ecc. Questi sono esempi di credenze limitanti che ci sono state "insegnate", come abbiamo visto in precedenza. Ti senti bene con queste credenze? Sì? Allora ok, ma se non ti fanno stare bene c'è del lavoro da fare per cambiarle. Ci sono tre tipi di atteggiamento riguardo alle credenze limitanti:

- sentirsi senza speranza – una persona è disperata, sente o crede che sia impossibile qualsiasi tipo di risultato e questa è una convinzione che riguarda il risultato;
- sentirsi impotenti – il dialogo interno ripeterà frasi del tipo: «Non sono abbastanza bravo, non ne ho le capacità...»
- non sentirsi degni – la frase che ripeterà il dialogo interno sarà: «Sì, va bene, so di avere le capacità, ma io me lo merito? Me lo sono meritato?»

Non si cerca di ottenere qualcosa di cui non ci si sente degni o meritevoli, si ottiene sempre ciò di cui ci si sente meritevoli. Robert Dilts, ricercatore, autore e trainer di PNL, nel suo libro *I livelli di pensiero* (Edizioni NLP Italy), sostiene che le credenze/convinzioni si trovano a un livello molto profondo e determinano la nostra identità. Un esempio di credenza limitante è "non mi merito amore". Che tu ne sia consapevole o meno, in presenza di una credenza di questo tipo, agirai, ti comporterai, vivrai come se realmente non fossi degno di amore, amore in tutte le sue sfumature che possono essere rispetto, amicizia, una relazione sentimentale.

Agirai inconsciamente in un modo totalmente allineato con questo tuo pensiero/emozione/credenza. Frequenterai luoghi, situazioni e persone che non ti daranno rispetto, amicizia o amore (ambiente) ti allontanerai automaticamente da situazioni e persone che ti potrebbero dare amore, rispetto e amicizia. Questo atteggiamento di fuga diventerà la tua zona di comfort e diventerai abilissimo a ricercare e trovare opportunità che rinforzino la tua credenza/convinzione di non meritare amore, allontanerai con gesti, parole e pensieri tutte le situazioni che potrebbero smentire la tua sicurezza di non meritare amore (comportamento). Svilupperai la capacità di gestire ogni attimo della tua vita nella ricerca del non-amore perché credi nel profondo di te stesso che non può essere possibile per te vivere l'amore in tutte le sue accezioni (credenza) e la tua identità profonda sarà quella di una persona sola oppure maltrattata o chiusa in un bozzolo di paura nei rapporti con gli altri. A questo punto è utile domandarsi:

- Sto bene con questa credenza?
- È utile per me non sentirmi degno di amore?
- È utile per me sentirmi degno di amore?
- Cosa otterrei se mi sentissi degno di amore?
- Cosa otterrei se non mi sentissi degno d'amore?
- Come sarebbe il mio mondo se ci fosse l'amore?

Scrivendo tutte queste domande e le relative risposte su un foglio di carta e buttandole giù di getto, senza ragionarci troppo, hai già la soluzione razionale. Scrivi tutto quello che ti passa per la testa e nota come sia facile sentire che, mentre fai l'esercizio, queste risposte stanno permettendo a nuove sensazioni ed emozioni di affiorare dentro di te.

Fai tue le nuove emozioni legate al cambiamento, così inizi a comunicare il tuo cambiamento non solo alla ragione ma soprattutto al tuo cuore, questo è un esercizio molto efficace. Stai fornendo al tuo subconscio tante nuove informazioni sensoriali ed emozionali che non aveva mai ricevuto prima!

Con queste fantastiche sensazioni e la nuova credenza appena installata stai cambiando anche la tua identità, stai dicendo alla tua mente e al tuo corpo che sei una nuova persona e allora ripercorri gli altri livelli già visti prima.

- Ambiente: dove posso trovare situazioni che mi trasmettano amore, amicizia, rispetto?
- Comportamento: cosa posso fare per attirare a me amore, amicizia e rispetto?
- Capacità: come posso comportarmi, parlare, agire per attirare a me sempre nuovi e potenti sentimenti di amore, amicizia e rispetto?
- Identità: io sono una persona degna di amore, amicizia e rispetto.
- Scopo: attribuendo questa determinata caratteristica alla tua identità essa guiderà la tua vita.

Se credi profondamente nel cambiamento, la tua "competenza inconscia" si trasforma in "competenza coscia" e allora sarai in grado di arrivare al tuo scopo. Vivi il momento presente con piena consapevolezza di ciò che è bene per te. Se appena alzato al mattino facendo sempre le stesse cose hai sempre lo stesso atteggiamento, il tuo cervello non imparerà mai altre strade e anche se pensi al cambiamento il cambiamento non arriverà mai poiché ti fai sempre le stesse domande e ti dai sempre le stesse risposte.

I percorsi mentali sono sempre gli stessi e il pensiero di cambiare da solo non basta. La chiave è cambiare i pensieri guardando le emozioni e cambiandole per mettere in funzione nuove azioni che ti porteranno a una nuova consapevole identità. Anche se i pensieri sono più potenti di qualsiasi cosa, se non fai seguire un'azione adeguata ai tuoi nuovi pensieri nulla cambierà.

Pensare di cambiare una credenza non vuol dire cambiarla veramente. Se ti fai guidare dalle emozioni nuove che i tuoi nuovi pensieri ti danno puoi agire in maniera differente, ottenere nuovi risultati e cambiare profondamente la tua identità. Essere consapevoli di ciò che si vuole veramente significa porre la propria attenzione esattamente lì dove c'è da cambiare.

SEGRETO n. 20: le credenze limitanti si cambiano con le domande giuste: è utile per me questa credenza? Cosa otterrei se la cambiassi? Come sarebbe il mio mondo adottando la nuova credenza potenziante?

Mettere in dubbio le credenze limitanti

Il rapporto corpo-mente è strettissimo. L'esistenza di questo rapporto è documentata da studi recenti di Tim Lawrence, fondatore dell'Hoffman Institute in Inghilterra: egli infatti descrive il potenziale impatto che ha su di noi la nostra incapacità di guarire e di perdonare vecchie ferite e dispiaceri. Egli afferma che questa incapacità come minimo impedisce di godere di un buono stato di salute. Lawrence, come James Blumenthal della Duke University, affermano infatti che gli stati fisici di rabbia e di tensione possono indurre problemi come ipertensione, mal di testa, abbassamento delle difese immunitarie, disordini dell'apparato digerente e infine anche l'infarto.

Le credenze sul dolore irrisolto possono creare conseguenze fisiche che hanno il potere di danneggiare la salute. Ovviamente avere un dolore per un breve periodo non significa avere effetti disastrosi sulla salute, ma il perdurare di "ferite" dell'anima non risolte, stati d'animo di sofferenza, rabbia, dolore continuo, queste sì che possono portare a problemi gravi di salute. Gli stessi principi che permettono di ferire noi stessi funzionano anche in senso inverso, permettendoci di guarire noi stessi e di riportarci alla vita. Per trascorrere una vita sana e gratificante bisogna guarire le credenze limitanti, quelle che stanno al centro delle ferite più profonde.

Sei sempre certo delle tue credenze limitanti ("non posso farlo", "non lo merito", "non riesco") ma, nel momento stesso che ti viene il dubbio tutto il palazzo delle tue certezze scricchiola e crolla. Quando metti in dubbio una credenza limitante capisci che l'unica certezza che hai è che le cose possono cambiare.

Elisa si sente grassa e goffa. È certa che, essendo già grassottella e goffa dall'adolescenza, ora che ha superato i quarant'anni nulla potrà mai cambiare nel suo fisico. Ne è certissima. Ha seguito diete ma è sempre stata incostante, ha provato ad andare in palestra ma dopo le prime volte trovava mille scuse per non tornarci: «Non ho tempo, ho troppo da lavorare, mi fa ancora male la gamba, c'è gente che non mi piace…» E tutto questo perché la sua credenza è che siccome sua madre e le sue nonne erano grasse, anche a lei è toccata la stessa sorte, non c'è niente da fare. Elisa ha una sorella, Chiara, più grande di alcuni anni. Chiara è magra, mangia con attenzione senza privarsi quasi di nulla e va regolarmente in palestra ma non è sempre stata così, anche lei ha avuto i suoi chili di troppo ma non ha solo pensato di dimagrire, ha fatto realmente delle azioni concrete per perdere peso.

Elisa e Chiara hanno la stessa mamma e le stesse nonne ma Chiara ha deciso a un certo punto di fare attenzione al suo fisico e di non ingrassare, ed è "uscita" dalla credenza che fosse una questione genetica. Nonostante l'esempio della sorella, Elisa è certa della sua credenza limitante: non può dimagrire. Un giorno, in occasione di una cerimonia, decide di andare a comprare il vestito adatto insieme alla sorella.

Entrambe trovano l'abito che desiderano ma, mentre Chiara trova subito la sua taglia, lo misura e le sta perfettamente senza bisogno di alcuna modifica, Elisa non trova la sua taglia e deve accontentarsi di un modello che le piace molto meno ma che copre uniformemente il suo corpo senza segnare le sue rotondità e i suoi chili di troppo. Ricorda quante volte si è detta che l'aspetto non conta, che "grasso è bello", ha un bel viso e valorizza solo quello ma in fondo una vocina le dice che non è vero, che lei si è sempre sentita a disagio a causa del suo peso, già dai tempi della scuola. Facendo quelle riflessioni paga ed esce dal negozio con la sorella, felice del suo acquisto, ma lei molto meno. Decidono di prendere un caffè. Entrano nel bar e i profumi dei dolci la stordiscono. Di solito si rifugia nel cibo quando ha momenti di insicurezza ma questa volta, a differenza delle altre volte, ha il dubbio di essere veramente soddisfatta del suo fisico, prende piena consapevolezza del suo disagio.

Per la prima volta mette in dubbio la sua credenza limitante: "io sto bene così, non posso cambiare, è una questione di costituzione, non ci posso fare niente" e finalmente il dubbio la porta a decidere di cambiare. Prende solo un caffè e per giunta senza zucchero, pensa di cucinare cibi sani e ipocalorici per cena, di contattare il dietologo e di rinnovare l'abbonamento alla palestra dove andrà almeno due volte a settimana con un personal trainer. Ormai ha cambiato la sua identità, vuole perdere peso e vuole sentirsi agile e in salute. La sua credenza potenziante ora è: "ce la posso fare, dipende solo da me, farò come Chiara, lei ce l'ha fatta e ce la farò anch'io!" Cos'è accaduto a Elisa?

Ha semplicemente messo in dubbio la sua vecchia credenza limitante e ora sì che il cambiamento è possibile. Si è fatta le domande giuste:

- Sto bene pensando che sono grassa e non ci posso fare niente?
- È utile per me non sentirmi capace di perdere peso?
- Cosa otterrei se perdessi peso?
- Come sarebbe il mio mondo se perdessi peso?

SEGRETO n. 21: mettere in dubbio le proprie credenze negative facendosi le domande giuste permette e guida il cambiamento.

Fatti accaduti nel passato a volte impediscono di andare avanti. Una credenza limitante spesso fa sì che si vivano episodi dolorosi e che il ricordo di quegli episodi ferisca ancora oggi a distanza di tempo. Ricordando quell'episodio o quegli episodi nota che si sta riproponendo alla mente conscia e inconscia un brutto film che ti impedisce di cogliere le opportunità successive, di trovare una via di fuga. Credi di dover convivere con quel dolore e con quella rabbia per il resto della tua vita. Il ricordo di ciò che è accaduto è talmente doloroso da condizionare il presente e il futuro.

Puoi anche scegliere di "non pensarci più" ma se lo dici solo a parole, senza la vera intenzione, questo atteggiamento non avrà nessuna possibilità di successo, il dolore non sarà superato, non ci sarai "passato attraverso", lo avrai solo allontanato, non è passato ma sta lì pronto a ripresentarsi quando meno te lo aspetti, determinando atteggiamenti ancora una volta limitanti e dolorosi. Qual è il momento giusto per liberarsi da un peso? Il momento è ora! Se senti di volertene liberare il tuo stato d'animo cambia e cambiano le tue percezioni riguardo all'episodio o agli episodi dolorosi, ti permetti di alleggerire lo "zaino" dal peso del dolore e della rabbia per avanzare veloce verso il cambiamento.

L'esercizio che segue è un viaggio sulla linea del tempo, una linea che va dal passato fino al presente e al futuro per individuare quello che Robert Dilts definisce nel suo libro *Cambiare le convinzioni con la PNL* (Edizioni Alessio Roberti), il "vicolo cieco" cioè la credenza limitante che causa dolore: non posso! Non ne sono capace! Ho la sensazione che questa cosa mi soffochi perché mi circonda da tutti i lati! ecc. Dilts sostiene che la credenza limitante può essere descritta come una molecola che crea il problema iniziale, il "vicolo cieco" appunto, e che quella molecola vada spezzata e riorganizzata ma, aggiunge Dilts, non si tratta solo di una molecola di percezioni fisiche, si tratta di spezzare una molecola di relazioni e identità.

Prima di iniziare con l'esercizio ricorda che il subconscio registra come vere non solo le situazioni realmente accadute ma anche i pensieri riguardo a quella situazione. È quindi possibile "insegnare" alla nostra mente nuovi episodi della vita "corretti" per non soffrire più e questa operazione è molto più facile se ti "allontani" per osservare, se diventi l'osservatore della tua vita, se ti sai staccare e da attore principale diventi osservatore, come al cinema quando guardi un film. Entriamo nel vivo dell'esercizio sulla linea del tempo. Siediti comodamente e prendi un bel respiro e mentre ti rilassi trova una risorsa potenziante, il coraggio, la forza, la serenità, l'autostima, la dolcezza, quello che vuoi tu, che ti faccia sentire bene nel momento di cambiare una tua vecchia credenza che ti fa soffrire ancora oggi. Tieni presente che ognuno rappresenta la sua personale linea del tempo (*time line*) come preferisce ma, per semplicità, almeno per questo esercizio, la scelta si limita a una linea che va da destra a sinistra o da sinistra a destra, dove da una parte c'è il passato e dall'altra il futuro e dove tu sei il presente. Puoi anche immaginare che la linea parta da dietro di te (passato) e vada davanti a te (futuro), a te la scelta.

Ora che hai individuato la tua linea temporale immagina di trovarti staccato dalla linea volandoci sopra di qualche metro. Mentre ti senti leggero volando sulla tua linea del tempo guardala attentamente e vai a trovare nel passato il primo episodio, la prima volta nella quale la credenza limitante ti ha bloccato, il "vicolo cieco". Ricorda che stai volando sopra la linea del tempo.

Non è necessario che l'episodio ti appaia nel dettaglio, semplicemente nota che può apparire come una zona grigia che si differenzia dal resto della linea, il tuo subconscio sa come fare. Scendi ora sulla linea del tempo poco prima che l'episodio accadesse. Una volta individuato il vecchio "vicolo cieco" prendi la risorsa potenziante (coraggio, forza, serenità, quella che hai scelto in precedenza) e passa letteralmente attraverso l'episodio rivivendolo ma questa volta utilizzando la nuova risorsa. Vedi te stesso, ascolta le parole nuove che dici e le sensazioni potenzianti e nuove che provi: stai trasformando il vicolo cieco in una risorsa, hai appena spezzato la molecola. Vedi che il senso di soffocamento che sentivi prima diventa un senso di protezione, la nuova risorsa ti protegge, ti indica un nuovo stato d'animo e una situazione potenziante totalmente nuova si presenta davanti a te man mano che passi attraverso quell'episodio.

Tieni con te gli insegnamenti che hai tratto da quella vecchia situazione e mettili nel tuo posto segreto degli insegnamenti, getta via la sofferenza mandandola a bruciare nel sole. Ora la tua credenza limitante non c'è più, è stata sostituita da una nuova credenza questa volta potente e utile per il tuo cambiamento perché va ad "aggiustare" quell'episodio e anche tutti gli episodi simili si stanno illuminando e stanno cambiando. Mentre pensi al cambiamento che ha generato la nuova credenza potenziante fai ciò che in PNL chiamiamo *àncora*: uno stimolo esterno che richiama nel nostro subconscio automaticamente una sensazione potenziante. Per esempio, puoi chiudere il tuo dito pollice sul tuo dito indice, o ripetere mentalmente il passaggio di un brano musicale che ti piace, oppure puoi vedere un oggetto o un colore particolare e ripensare ad esso o guardarlo per riaccendere la sensazione, l'importante è tenere viva la sensazione che hai appena saputo generare con successo cambiando una tua credenza limitante.

È un'esperienza davvero forte che utilizzo molto spesso con le persone con le quali lavoro e sempre con grandi risultati. Sabrina è cresciuta in una famiglia come tante, accudita e coccolata dai suoi genitori e con un buon rapporto con i suoi fratelli. Durante l'infanzia le viene insegnato che fidarsi delle persone porta sempre guai, le viene insegnato che solo in famiglia può avere la comprensione e l'aiuto necessario, Sabrina quindi cresce con questa credenza. Non si fida veramente di nessuno e questa sua identità allontana da lei anche le persone che invece lei vorrebbe attrarre e si sente sola.

Facciamo l'esercizio della linea del tempo: prima di iniziare le chiedo quale risorsa le sarebbe servita per superare quella credenza e lei mi risponde che avrebbe avuto bisogno di fiducia. Quando è rilassata le chiedo di tornare mentalmente al primo episodio che ha generato questo senso di solitudine e lei mi racconta di vedersi da ragazzina quando le sue amiche e i suoi amici la invitavano a studiare con loro ma lei rifiutava sempre perché preferiva studiare da sola, non si fidava dell'aiuto che avrebbe potuto avere condividendo quell'esperienza con i suoi compagni, aveva paura che le rubassero i segreti della sua bravura nello studio. I suoi compagni uscivano poi tutti insieme per una pizza o un cinema e lei veniva esclusa e quel senso di esclusione e solitudine l'ha accompagnata per tutta la vita.

Ripercorrendo quell'episodio con la mente, ma questa volta con un grande senso di fiducia sulla sua linea del tempo, ha "sistemato" quell'episodio e anche tutti gli episodi successivi legati al senso di solitudine che la faceva soffrire. Ha ripercorso mentalmente la sua vita, ha sbriciolato la sua credenza limitante tenendo solo gli insegnamenti e lasciando andare tutte le sofferenze e mi ha detto che ha legato quel senso di fiducia e condivisione a una canzone particolare che si ripete in testa ancora oggi per richiamare quella sensazione così bella. La sua nuova credenza oggi la porta a voler stare con gli altri, condividere e saper scegliere le persone che vuole frequentare. Ha cambiato completamente la sua identità e si sente una persona nuova.

SEGRETO n. 22: le credenze guidano ogni nostro comportamento e formano la nostra identità. Guardando la nostra vita da un nuovo punto di vista possiamo cambiare le nostre credenze limitanti.

RIEPILOGO DEL CAPITOLO 4:

- SEGRETO n. 17: La zona di comfort è una serie di abitudini fisiche e mentali che ci dà un senso di sicurezza e ci mette al riparo da cambiamenti che potrebbero farci paura o anche solo darci fastidio.

- SEGRETO n. 18: Quando agiamo in maniera differente uscendo dalla routine dei gesti e dei pensieri ci regaliamo la possibilità di aprire anche la nostra mente a nuove credenze potenzianti.

- SEGRETO n. 19: Il pensiero da solo non basta, bisogna fare chiarezza su ciò che siamo e su ciò che vogliamo essere per passare dal pensiero all'azione e infine alla nuova identità.

- SEGRETO n. 20: Le credenze limitanti si cambiano con le domande giuste: è utile per me questa credenza? Cosa otterrei se la cambiassi? Come sarebbe il mio mondo adottando la nuova credenza potenziante?

- SEGRETO n. 21: Mettere in dubbio le proprie credenze negative facendosi le domande giuste permette e guida il cambiamento.

- SEGRETO n. 22: Le credenze guidano ogni nostro comportamento e formano la nostra identità. Guardando la nostra vita da un nuovo punto di vista possiamo cambiare le nostre credenze limitanti.

Conclusione

Per concludere voglio sottolineare la differenza fondamentale tra opinioni e credenze. Le opinioni sono credenze con impatto a breve termine sul destino di una persona. Si tratta di pensieri formulati in una determinata situazione, ad esempio a una cena tra amici, durante un'intervista televisiva, nel posto di lavoro. Sono "volatili" e si possono facilmente cambiare.

Le credenze hanno un impatto forte e profondo, rappresentano i "programmi mentali", il codice di comportamento innato, determinano l'identità e di conseguenza lo scopo della vita. Le credenze hanno le loro radici nel profondo della mente. Non sempre vengono espresse a parole, molto più spesso si possono percepire dal comportamento nel mondo e dalle scelte che si fanno o non si fanno in ogni ambito, in famiglia, sul posto di lavoro, nelle relazioni. Formano l'atteggiamento, il carattere, quell'insieme di comportamenti abituali che sono parte di ognuno di noi. Esistono credenze limitanti e credenze potenzianti. Le credenze limitanti creano malessere e bassa autostima mentre le credenze potenzianti permettono di vivere felici e rafforzano la fiducia e l'autostima. Credere, essere convinto di poter fare una cosa ti dà tutto il potere per farla, determinando ciò che sei disposto o meno a fare. Le credenze sono ciò che pensi sia vero e determinano il carattere.

Non è affatto detto che ci voglia tempo e fatica per cambiarle, basta prenderne coscienza. Ognuno di noi percepisce la realtà esterna a modo suo, mettendo in azione i cinque sensi, detti anche filtri sensoriali, e i filtri cognitivi, valori e credenze. Rappresenti il mondo esterno dopo aver generalizzato gli input esterni, cancellato alcune informazioni e distorte altre per renderle sempre simili al tuo modo di pensare abituale. Ora che senti che il momento di cambiare è arrivato fai questi semplici passi:

1. prendi consapevolezza della credenza limitante, ad esempio: non sono capace a..., non merito di…, sono troppo lento, non sono bravo a fare..., non sono felice, non ho pregi, non ho tempo, la vita è sempre difficile, a nessuno importa di me;

2. metti in dubbio la tua credenza, di solito siamo abilissimi a essere certi delle nostre credenze limitanti, ad esempio: cosa

mi fa pensare di non essere capace? Ci ho mai provato veramente? Sarà vero che non ho mai tempo? Posso ricavare tutto il tempo che mi serve durante la giornata! La vita è sempre difficile, ma proprio sempre?

3. guarda da spettatore gli episodi della tua vita nei quali la tua credenza limitante ti ha fatto soffrire, prendi le distanze e con una risorsa potenziante ripercorri mentalmente quell'episodio o quegli episodi e cambiali legando a questa nuova intensa e benefica sensazione un oggetto, un colore, un gesto oppure una musica che ti ricordino sempre il cambiamento. Al subconscio non importa se una cosa è realmente successa o se la riproponi mentalmente dopo averla "corretta", lui la prende per vera e ti permettere di cambiare;

4. passa dal solo "pensare" di stare bene al "fare" delle azioni concrete per stare bene e infine all' "essere" una persona che sta realmente bene;

5. le credenze potenzianti attivano risorse interne che stimolano all'azione concreta verso un risultato, il risultato crea nuove credenze potenzianti riguardo alle tue abilità.

Le credenze sono pensieri che tornano nella mente e c'è sempre un sentimento legato ad esse. Se quel pensiero ti limita vai oltre e, contemplando un nuovo modo di essere, cambia sia la mente che il corpo. Si cambia davvero quando si smette di parlarne e si agisce per diventare una persona nuova.

9 788886 174636 7